★ EN VEDETTE DANS CE LIVRE ★

TYRANNOSAURUS REX

(ti-RAAAH!-nozo-RUSS rex)

SAVAIS-TU QUE...

Tyrannosaurus rex est l'un des prédateurs les plus redoutables de toute l'histoire de la Terre? Bien qu'il ne soit pas le plus gros carnivore à avoir existé, il aurait pu manger à peu près tout ce qu'il souhaitait. Tu découvriras bientôt pourquoi!

Tyrannosaurus rex signifie «roi lézard tyrannique»

PLANTONS LE DÉCOR

Tout a commencé quand les premiers dinosaures sont apparus il y a environ 231 millions d'années, pendant le Trias.

C'était le début de l'ère des dinosaures, une période où ils allaient être les rois du monde !

Les scientifiques appellent cette période le

MÉSOZOÏQUE.

(mé-zo-zo-ic)

Elle a duré si longtemps qu'ils l'ont divisée en trois parties.

Le TRIAS

51 millions d'années

il y a **252** millions d'années

Le JURASSIQUE

56 millions d'années

il y a **201** millions d'années

Tyrannosaurus rex a existé durant le Crétacé, il y a entre 66 et 68 millions d'années.

Le CRÉTACÉ

79 millions d'années

il y a **145** millions d'années

il y a **66** millions d'années

BULLETIN MÉTÉO

La Terre n'a pas toujours été comme on la connaît. Avant les dinosaures et au début du Mésozoïque, tous les continents étaient soudés et formaient un supercontinent appelé « la Pangée ». Au fil du temps, les choses ont changé, et à la fin du Crétacé, la Terre ressemblait plutôt à ceci.

CRÉTACÉ IL Y A 66 MILLIONS D'ANNÉES

Ce nom vient du mot « craie » en latin

TRIAS

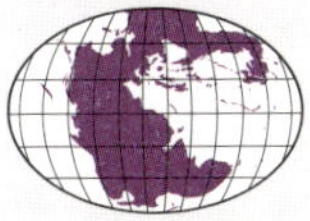

Extrêmement chaud, sec et poussiéreux

JURASSIQUE

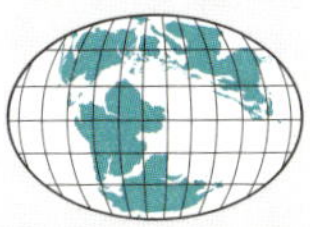

Très chaud, humide et tropical

CRÉTACÉ

Chaud, pluvieux et saisonnier

Pendant le Crétacé, les continents ont continué à se séparer et la Terre a pris une apparence semblable à celle qu'on lui connaît aujourd'hui.

D'OÙ VIENT-IL ?

Voici ce que nous savons à ce jour et où nous l'avons découvert...

CE QU'ON A DÉCOUVERT :

PLUS DE 50 SQUELETTES, DONT CERTAINS PRESQUE COMPLETS

C'EST LE PALÉONTOLOGUE

HENRY FAIRFIELD OSBORN

QUI A DONNÉ SON NOM À TYRANNOSAURUS REX, EN 1905.

ÉTATS-UNIS

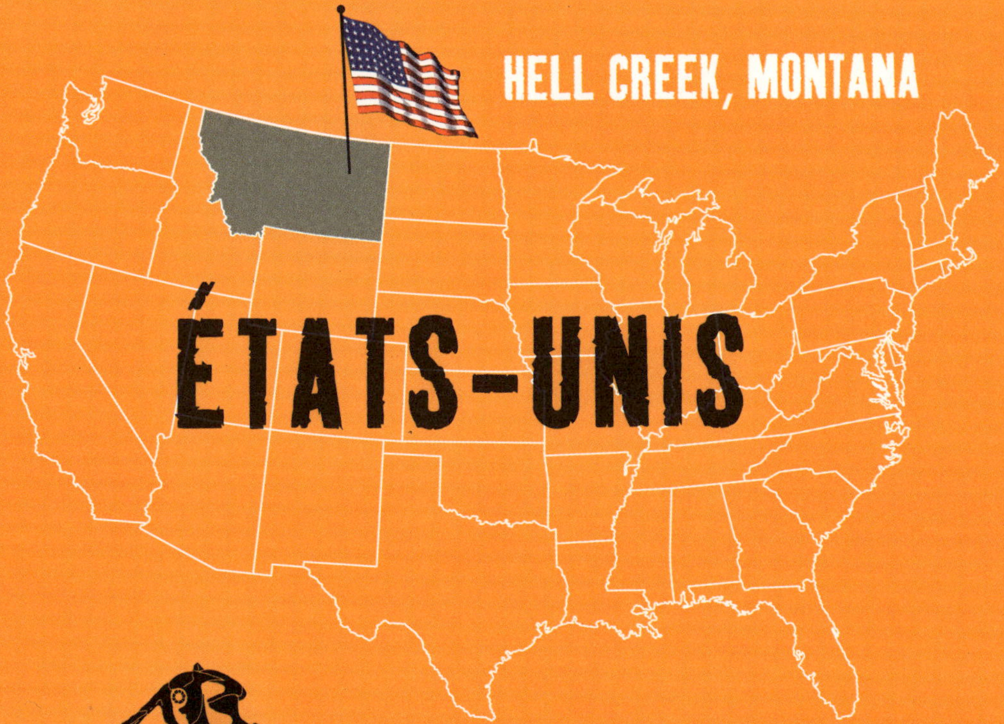

BEAUCOUP DE CRÂNES

ET MÊME DES CROTTES DE TYRANNOSAURUS REX !

Découverts en 1902 dans le Montana par Barnum Brown, qui y menait une expédition pour le Musée américain d'histoire naturelle, les premiers spécimens de *Tyrannosaurus rex* ont fasciné les paléontologues car il s'agissait du premier dinosaure bipède («qui marche sur deux jambes») géant jamais trouvé.

On a par la suite découvert des restes de *Tyrannosaurus rex* ailleurs aux États-Unis et au Canada. Sue, qui fait 12,3 mètres de haut, est le fossile le plus complet à ce jour : il est entier à 90 %. Depuis sa découverte, on a également trouvé Scotty, qui mesure 13 mètres et est complet à 65 %, en Saskatchewan, au Canada.

PORTRAIT

Certains des premiers dinosaures étaient petits et de constitution délicate. Ce n'est que plus tard que sont apparus les géants, et *Tyrannosaurus rex* appartient sans aucun doute à cette catégorie.

Regardons *Tyrannosaurus rex* pour voir en quoi il était spécial, fascinant et complètement extraordinaire !

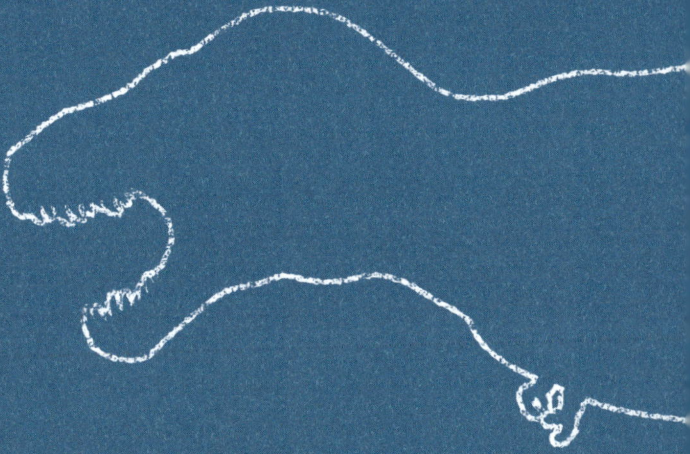

TYRANNOSAURUS REX

4 mètres des orteils à la hanche

Tyrannosaurus rex mesurait 4 mètres des orteils à la hanche, mais pouvait atteindre 6 mètres lorsqu'il se redressait pour attaquer, ce qui le rendait encore plus terrifiant !

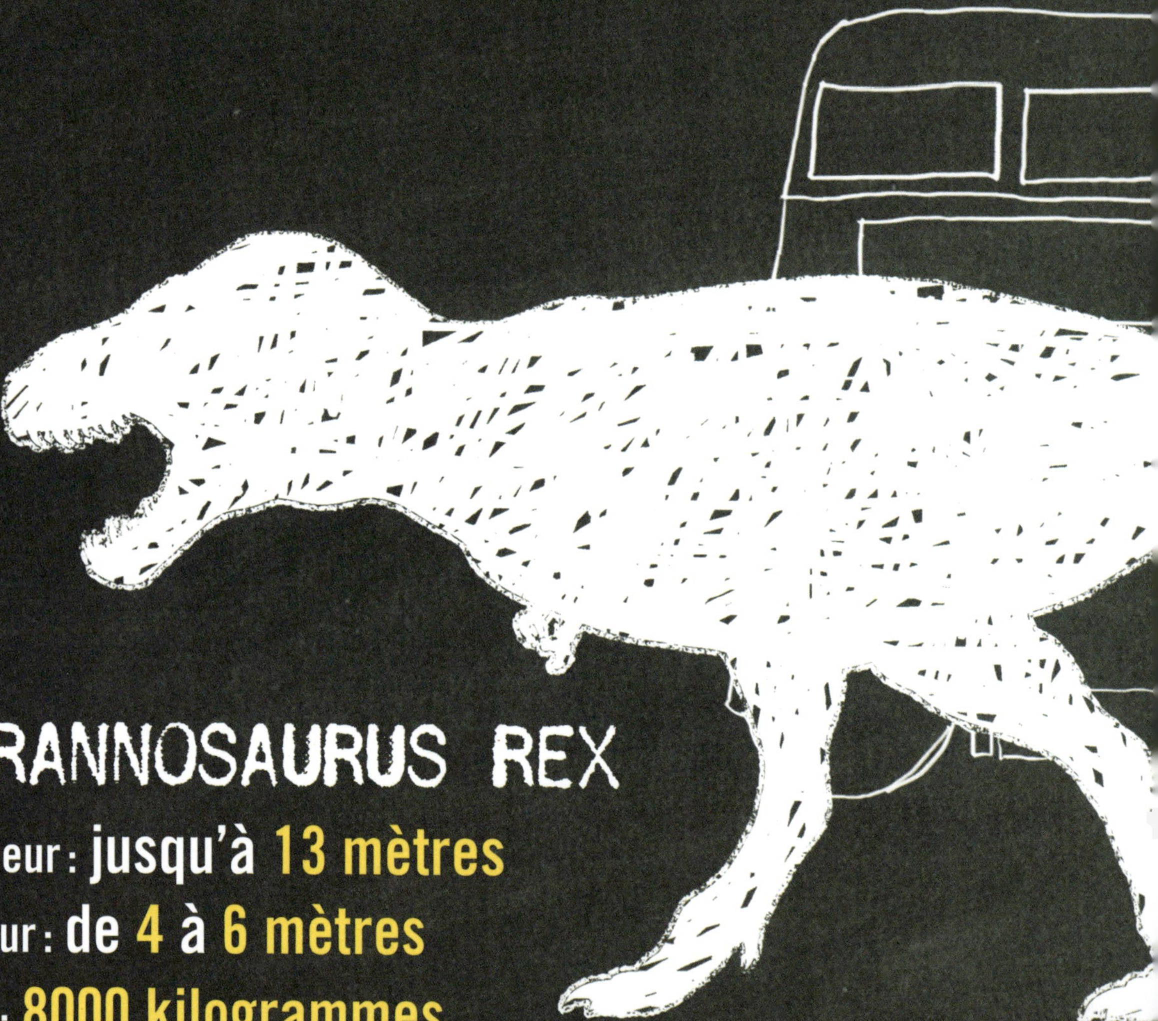

TYRANNOSAURUS REX

Longueur : jusqu'à 13 mètres

Hauteur : de 4 à 6 mètres

Poids : 8000 kilogrammes

Crâne : plus de 1,5 mètre de long

AUTOBUS À ÉTAGE

Longueur : 11 mètres Hauteur : 4,5 mètres Poids : 8000 kilogrammes (vide) Largeur : 2,5 mètres

SOURIS

TROUILLE-O-MÈTRE

Où se classe *Tyrannosaurus rex* ?

AUCUNEMENT TERRIFIANT

1 2 3 4 5

HAAAAA !!!

Terrifiant : un point c'est tout ! *Tyrannosaurus rex* était un prédateur gigantesque dont tous les autres animaux devaient se méfier. Il avait un énorme appétit et ne faisait qu'une bouchée de tout ce que ses longues dents lui permettaient d'attraper !

6 7 8 9 **10**

COMPLÈTEMENT TERRIFIANT

JUGEOTE

Quand nous avons commencé à découvrir des dinosaures, nous pensions qu'ils étaient plutôt stupides !

Par la suite, quelques scientifiques ont cru que certains dinosaures avaient un second cerveau près de leur derrière ! On sait aujourd'hui que rien de cela n'est vrai.

Les scientifiques reconnaissent maintenant que les dinosaures n'avaient qu'un seul cerveau et qu'ils étaient plutôt futés pour des reptiles. Certains comptaient même parmi les plus intelligentes créatures sur Terre pendant le Mésozoïque. Cela dit, la plupart des mammifères actuels n'auraient rien à leur envier sur ce plan.

En tenant compte de :

- leur taille
- la taille de leur cerveau
- leur odorat
- leur vue

les scientifiques sont en mesure de les comparer les uns aux autres...

OÙ FIGURE TYRANNOSAURUS REX, UN CARNIVORE, AU PALMARÈS DES CERVEAUX ?

Dinosaure		Intelligence
TROODON (tro-OH!-don)		10/10 CARNIVORE (le plus intelligent)
TYRANNOSAURUS REX (ti-RAAAH!-nozo-RUSS rex)		9/10 CARNIVORE
ALLOSAURUS (ALLO-zo-RUSS)		8/10 CARNIVORE
IGUANODON (i-GWA-no-DON)		6/10 HERBIVORE
STEGOSAURUS (STÉGO-zo-RUSS)		3/10 HERBIVORE
DIPLODOCUS (di-PLO-do-KUSS)		2/10 HERBIVORE (pas tellement intelligent)

Les dinosaures sont représentés à l'échelle !

RAPIDOMÈTRE

Vitesse maximale : 32 km/h

Tyrannosaurus rex avait un corps robuste et de puissantes jambes aux os creux. Cela en faisait un très bon coureur sur les courtes distances, mais il n'aurait pas pu maintenir cette vitesse bien longtemps, car il pesait tout de même 8000 kilogrammes !

SON ÉQUIPEMENT

ARMES

10/10

Tyrannosaurus rex étant l'un des plus voraces prédateurs de tous les temps, tu ne seras pas surpris d'apprendre qu'il était bien équipé pour entretenir sa réputation !

MORSURE

Muni d'un cou musclé et court et d'une grosse tête pouvant faire plus de 1,5 mètre de long, *Tyrannosaurus rex* avait une telle morsure qu'aucun autre animal terrestre ne l'a jamais égalée!

Capable d'ouvrir sa gueule à 80 degrés, c'est-à-dire de plus d'un mètre, il pouvait prendre de très grosses bouchées.

Tyrannosaurus rex avait un excellent odorat, l'un des plus développés de tous les dinosaures carnivores.

NEZ

À partir des quelques morceaux de peau de *Tyrannosaurus rex* conservée que nous avons trouvés, les scientifiques affirment qu'elle était rugueuse et couverte d'écailles.

PEAU

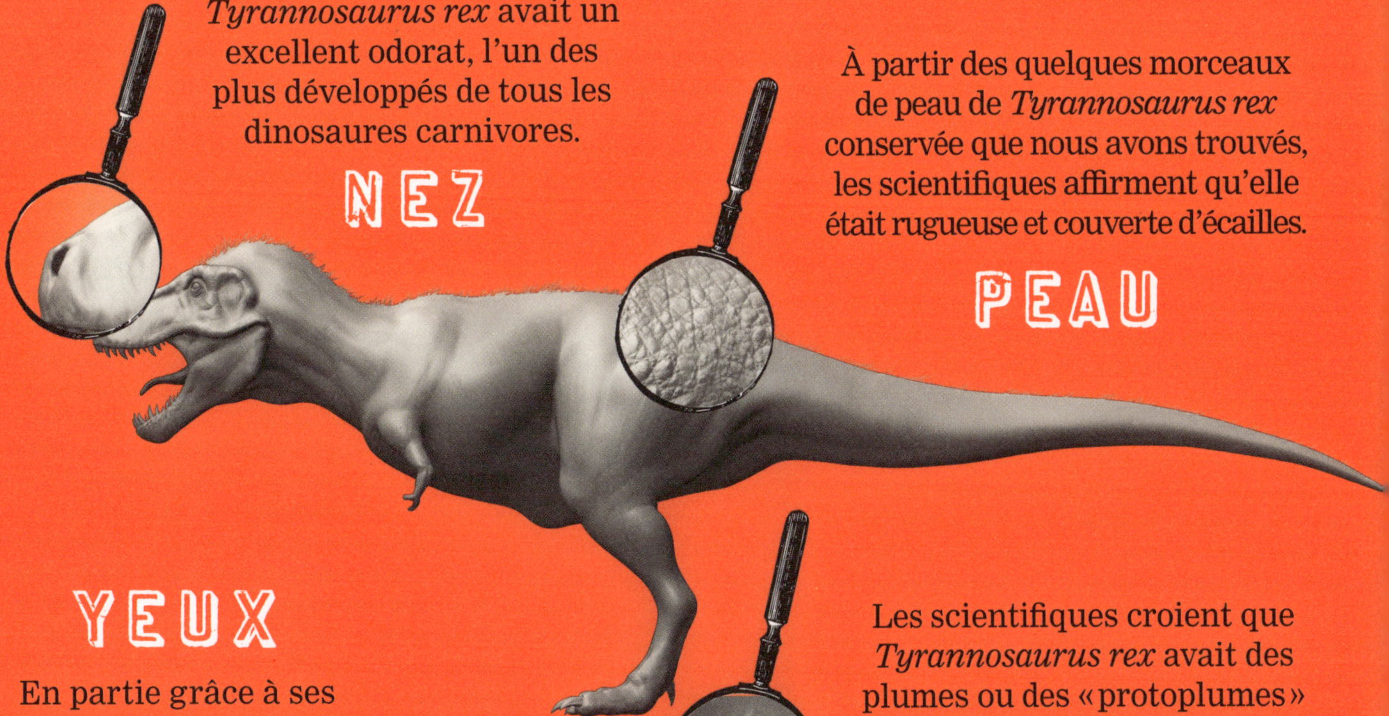

YEUX

En partie grâce à ses gros yeux d'environ 10 centimètres de diamètre, *Tyrannosaurus rex* avait une très bonne vue. Ses yeux étant placés sur les côtés de sa tête mais orientés vers l'avant, il avait ce que l'on appelle une « vision binoculaire ». Cela signifie qu'il utilisait ses deux yeux en même temps, comme les humains. Il voyait si bien qu'il était peut-être même capable de chasser la nuit.

Les scientifiques croient que *Tyrannosaurus rex* avait des plumes ou des « protoplumes » duveteuses (les premières plumes d'oiseau) semblables à celles de l'un de ses cousins chinois et que celles-ci lui servaient à conserver sa chaleur et à attirer d'éventuels partenaires.

PLUMES

DENTS

Les plus grosses de tous les dinosaures !

Pourvue de plus d'une cinquantaine de dents robustes et pointues en forme de banane, la gueule de *Tyrannosaurus rex* était faite pour broyer les os et déchirer la chair.

La plus longue mesurait un étonnant 30 centimètres et la voici en taille réelle. Impressionnant !

Tyrannosaurus rex croquait, arrachait et avalait la chair et les os sans les mastiquer. Ses dents, comme celles des autres dinosaures, étaient continuellement remplacées par de nouvelles. Donc, si l'une d'elles se brisait, il n'avait pas à s'en faire car une autre prendrait sa place.

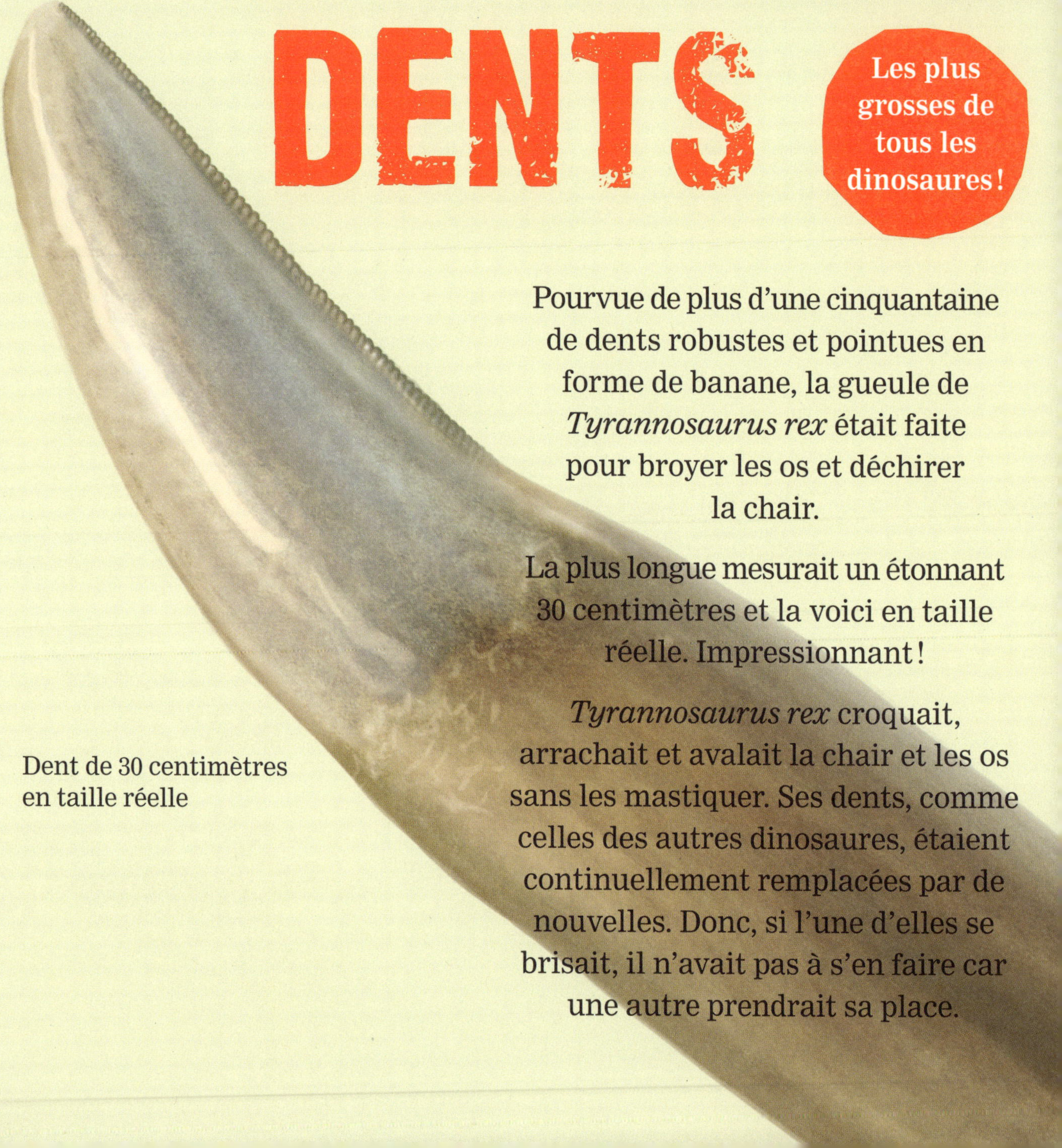

Dent de 30 centimètres en taille réelle

AU MENU

DE LA VIANDE, DE LA VIANDE

ET ENCORE DE LA VIANDE !

Des paléontologues ont découvert des traces de morsure sur des os de *Triceratops* et d'*Edmontosaurus*, et l'on croit que ce pourrait être celles de *Tyrannosaurus rex* !

QUI HABITAIT DANS LE MÊME VOISINAGE ?

Voici deux dinosaures qui habitaient dans les forêts qui servaient de terrain de chasse à *Tyrannosaurus rex*...

EDMONTOSAURUS

(ed-MONTO-zo-RUSS)

Les premiers restes d'*Edmontosaurus* ont été trouvés à Edmonton, au Canada, mais on en a depuis découvert ailleurs en Amérique du Nord. Il s'agissait d'un dinosaure herbivore mesurant 9 mètres de long et pesant 3000 kilogrammes muni d'un bec de canard et aux moyens de défense très limités. C'est d'ailleurs pour cette raison que l'on croit qu'il préférait la sécurité de la vie en troupeau.

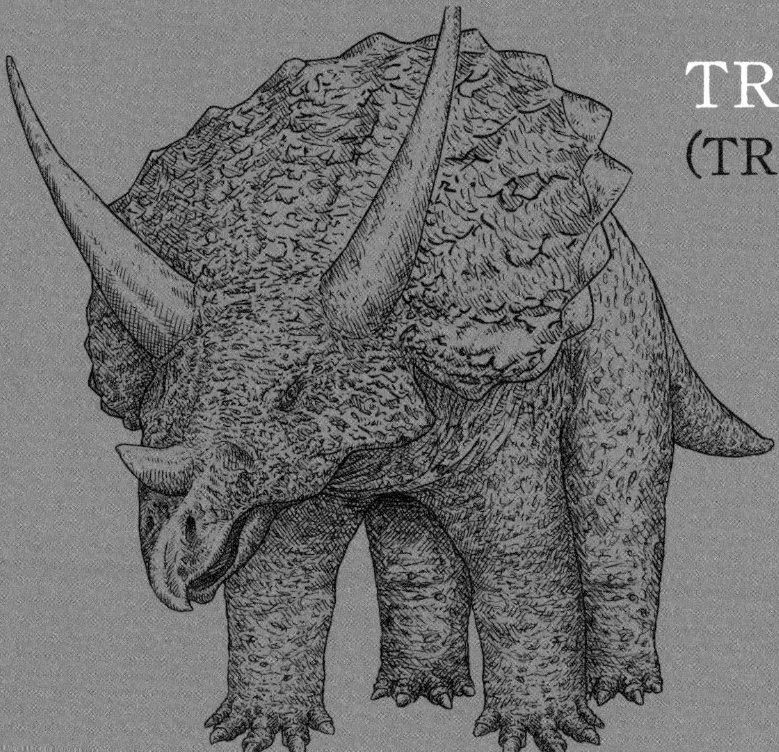

TRICERATOPS

(TRI-céra-TOPS)

Plusieurs restes de *Triceratops* ont été découverts en Amérique du Nord. On pourrait croire qu'avec ses 9 mètres de long, ses plus ou moins 7000 kilogrammes ainsi que ses longues cornes frontales et sa collerette, *Triceratops* avait tout ce qu'il faut pour décourager un *Tyrannosaurus rex* affamé, mais certains ont tout de même tenté leur chance !

QUEL ANIMAL VIVANT AUJOURD'HUI RESSEMBLE LE PLUS À TYRANNOSAURUS REX ?

Tyrannosaurus rex ayant été l'ultime prédateur de son époque, et probablement le plus vorace de tous les temps, comparons-le avec l'un des plus redoutables prédateurs de notre époque.

ALLIGATOR VS TYRANNOSAURUS REX

	ALLIGATOR	TYRANNOSAURUS REX
LONGUEUR	jusqu'à 5,3 m	jusqu'à 13 m
POIDS	jusqu'à 500 kg	jusqu'à 8000 kg
RÉGIME	carnivore	carnivore
RÉGION	Amérique du Nord, Asie (Chine)	États-Unis et Canada
DENTS	faites pour broyer plutôt que mâcher, et continuellement renouvelées	faites pour broyer plutôt que mâcher, et continuellement renouvelées
MORSURE	l'une des plus puissantes du règne animal actuel	la plus puissante de TOUS les animaux terrestres ayant existé ! 4 FOIS supérieure à celle de l'alligator
QUEUE	très importante pour la nage	très importante pour la course
VISION	bonne, le jour comme la nuit	bonne, le jour et probablement aussi la nuit
APPÉTIT	mange de tout	la même chose, s'il vous plaît !

QU'Y A-T-IL DE SI GÉNIAL À PROPOS DE TYRANNOSAURUS REX?

PÉRIODE D'EXISTENCE

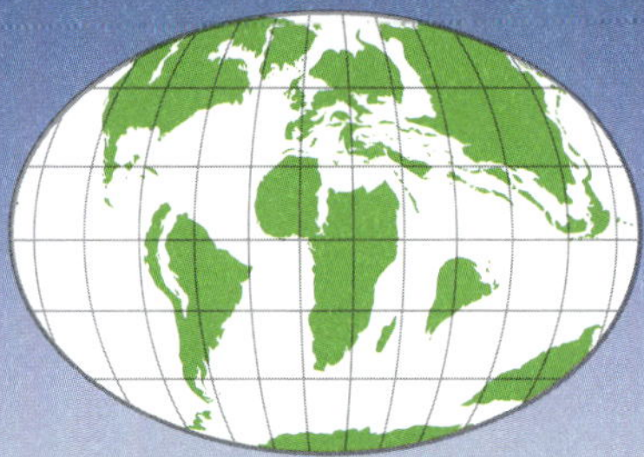

CRÉTACÉ

il y a de 66 à 68 millions d'années

TAILLE DES DENTS

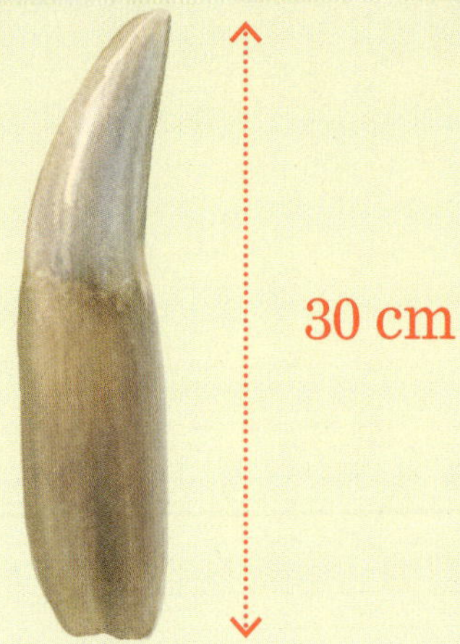

POIDS

RAPIDE OU LENT ?

RAPIDITÉ

7 sur 10

EN BREF

DÉCOUVERTES À CE JOUR

+ DE 50 SQUELETTES, DONT CERTAINS PRESQUE ENTIERS

BEAUCOUP DE CRÂNES

ET MÊME DE LA CROTTE !

TERRIFIANT OU PAS ?

TROUILLE-O-MÈTRE

10

VIANDE OU PLANTES ?

DE LA VIANDE,
DE LA VIANDE
ET ENCORE DE LA VIANDE!

SON ÉQUIPEMENT

AS-TU LU TOUTE LA SÉRIE ?

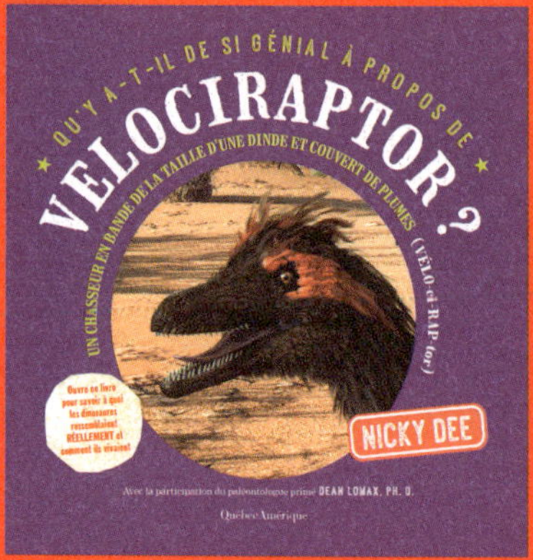

À PARAÎTRE BIENTÔT :

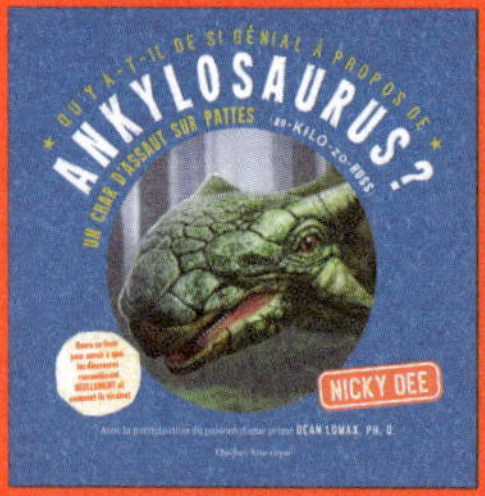

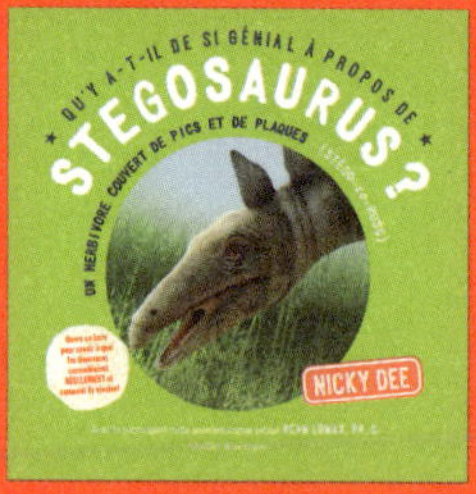

Projet dirigé par Flore Boucher

Traduction : Olivier Bilodeau
Mise en pages : Damien Peron
Révision linguistique : Sabrina Raymond

Québec Amérique
7240, rue Saint-Hubert
Montréal (Québec) Canada H2R 2N1
Téléphone : 514 499-3000, télécopieur : 514 499-3010

Ce texte privilégie la nomenclature zoologique par opposition aux noms vernaculaires des animaux.

Nous reconnaissons l'aide financière du gouvernement du Canada.

Nous remercions le Conseil des arts du Canada de son soutien.
We acknowledge the support of the Canada Council for the Arts.

Nous tenons également à remercier la SODEC pour son appui financier. Gouvernement du Québec – Programme de crédit d'impôt pour l'édition de livres – Gestion SODEC.

Catalogage avant publication de Bibliothèque et Archives nationales du Québec et Bibliothèque et Archives Canada

Titre : Tyrannosaurus rex / Nicky Dee ; collaboration, Dean Lomax [et cinq autres] ; traduction, Olivier Bilodeau.
Autres titres : Tyrannosaurus rex. Français
Noms : Dee, Nicky, auteur.
Description : Mention de collection : Qu'y a-t-il de si génial à propos de… ? | Documentaires |
Traduction de : Tyrannosaurus rex.
Identifiants : Canadiana (livre imprimé) 20210068574 | Canadiana (livre numérique) 20210068582 | ISBN 9782764445389 | ISBN 9782764445396 (PDF)
Vedettes-matière : RVM : Tyrannosaurus rex—Ouvrages pour la jeunesse. | RVM : Dinosaures—Ouvrages pour la jeunesse. | RVMGF : Albums documentaires.
Classification : LCC QE862.S3 D44314 2022 | CDD j567.912/9—dc23

Dépôt légal, Bibliothèque et Archives nationales du Québec, 2022
Dépôt légal, Bibliothèque et Archives du Canada, 2022

Titre original : *What's so special about Tyrannosaurus Rex?*
Published in 2021 by The Dragonfly Group Ltd

email info@specialdinosaurs.com
website www.specialdinosaurs.com

quebec-amerique.com

Imprimé au Canada

REMERCIEMENTS

Dean Lomax, Ph. D.
Paléontologue remarquable plusieurs fois récompensé, auteur et communicateur scientifique, M. Lomax a collaboré à la réalisation de cette série à titre d'expert-conseil.
www.deanrlomax.co.uk

David Eldridge
Spécialiste en conception de livres.

Gary Hanna
Artiste 3D de grand talent.

Scott Hartman
Paléontologue et paléoartiste professionnel, pour les squelettes et les silhouettes.

Ian Durneen
Artiste numérique de haut niveau, pour les illustrations numériques des dinosaures en vedette.

Ron Blakey
Colorado Plateau Geosystems Inc.
Créateur des cartes paléogéographiques originales.

Ma famille
Pour sa patience, ses encouragements et son soutien extraordinaire. Merci !

MIXTE
Papier issu de sources responsables
FSC® C011825